Género Fantasía

I0794925

Pregunta esencial

¿Qué podemos hacer para llevarnos bien entre todos?

La búsqueda del tesoro

Ángela María Pérez Beltrán
ilustrado por María Restrepo

Capítulo 1
¿Quién encontrará el tesoro?

Milena, Beto y Adriana eran amigos desde los tres años, porque vivían en la misma cuadra, iban a la misma escuela y, sobre todo, se divertían mucho juntos. Además, sus madres también eran muy amigas.

Los niños tenían habilidades sorprendentes: Milena era muy ágil, Beto tenía excelente puntería y Adriana hacía algo poco común: podía hablar con los animales. Los tres hacían muchas cosas juntos. En esta ocasión participaron en un concurso en el que debían encontrar un tesoro.

Una semana antes de que comenzara el concurso, los amigos se reunieron.

A Adriana le parecía una lástima que no los dejaran participar a los tres como equipo.

—A mí me parece mejor así, pues demostraremos quién es más hábil; estoy segura de que con mi agilidad los venceré —respondió Milena con seriedad.

—Recuerda que tengo la mejor puntería de los tres —le contestó Beto bastante enojado.

La conversación se convirtió en una discusión, que creció tanto, que Milena y Beto levantaban cada vez más la voz y manoteaban en el aire.

Los dos niños se marcharon a sus casas y Adriana se quedó sola. Entonces, decidió no participar en el concurso, pues sentía que no valía la pena hacerlo si sus amigos estaban disgustados, ella sabía que este conflicto era pasajero, pues la amistad es un gran tesoro y mucho más valiosa que unas palabras dichas a la ligera en un mal momento.

Adriana quería intervenir en el conflicto; sabía que, si sus amigos hablaban, solucionarían los problemas, pero mientras ella pensaba en una solución, Milena practicaba carreras y salto, porque imaginaba que esas serían las pruebas que debería superar en el concurso. Estaba tan enojada con Beto que quería demostrarle que ella era mejor en las competencias de agilidad.

Por su parte, Beto también quería demostrarle a Milena que él tenía más habilidades y por eso fue al parque, donde practicó lanzamientos de baloncesto de un extremo a otro de la cancha; él debía afinar su puntería porque estaba seguro de que una de las pruebas del concurso estaría relacionada con esa destreza.

Milena quería derrotar a Beto, Beto quería derrotar a Milena y Adriana quería que sus amigos dejaran esa absurda competencia y todo volviera a ser como antes.

Adriana no podía creer que sus amigos estuvieran discutiendo de esa manera y se preguntaba cómo un concurso, en el que se iban a divertir, se había convertido en la manzana de la discordia. Tampoco podía creer que Milena y Beto hubieran olvidado los años que habían pasado juntos: las vacaciones de verano, los campamentos, las películas, los juegos. Era imposible que hubieran olvidado la primera vez que Milena anduvo en su bicicleta sin llantas auxiliares, y cómo motivó a Beto para que él también las quitara; además, que a Milena le hubiera dejado de importar cuando Beto le enseñó a montar en patines.

Adriana llegó a pensar lo peor si seguían así de enojados. Imaginó que Milena le daría un coscorrón a Beto y luego, él se lo devolvería. Primero, quiso hablar con sus amigos, porque consideraba que sus palabras lograrían persuadirlos para que se amistasen de nuevo. Adriana sabía que los conflictos se solucionan hablando y nunca, discutiendo ni compitiendo, así que decidió hablar con Beto.

—Beto —dijo Adriana con dulzura—, Milena y tú son un gran equipo; ella es muy ágil y tú tienes una puntería excepcional.

—No quiero hacer equipo con Milena; ella piensa que es la mejor, que es muy veloz y que nadie le puede ganar —respondió Beto con enojo.

Adriana continuó hablando con su amigo, pero fue imposible convencerlo.

Entonces fue a hablar con Milena.

—Mile —le dijo con entusiasmo—, tú y Beto harían un equipo maravilloso, nadie les podría ganar. Ambos tienen grandes habilidades que se complementan entre sí; es decir, podrían dejar las diferencias atrás, ya que nuestra amistad es más importante que el concurso.

—Agradezco que quieras intervenir, pero pierdes tu tiempo —respondió Milena con seriedad—. Beto se cree el mejor en todo, así que le demostraré cuan equivocado está.

Adriana siguió intentándolo, pero no lo logró. Meditó durante un largo rato sobre el motivo por el cual ninguno de los dos quería ceder y afirmaba que el otro estaba equivocado; se dio cuenta de que ninguno de los dos podía aceptar que hubiera otra persona con habilidades distintas.

"Ya que no logré solucionar la disputa de mis amigos, hablaré con algunos animales. Quizá ellos puedan ayudarme a solucionar este conflicto sin sentido", pensó Adriana.

Capítulo 2

Un laberinto por atravesar

Llegó el día de la competencia, Beto y Adriana se saludaron de una manera poco cortés. Estaban tan enfadados el uno con el otro que no se dieron cuenta de que Adriana no iba a participar en el concurso, ni tampoco de que estaba planeando ayudarlos.

Los jueces leyeron las reglas de la competencia y también añadieron que el primer puesto tendría un premio sin igual, y que las pruebas requerían tanto habilidad física como conocimiento.

Por último, uno de los jueces hizo una clara advertencia.

—Quien no cumpla las reglas, quedará descalificado.

Todos los participantes estaban listos en la línea de partida.

—Gracias a mis habilidades, ganaré el concurso —le murmuró Milena a Beto.

—Eso es lo que tú crees. Mis habilidades son mejores —le respondió Beto.

Uno de los jueces dio inicio a la competencia.

En la primera prueba, los niños debían cruzar un laberinto. Las pistas estaban en las paredes del lugar y en cada una se encontraba la información necesaria para seguir la dirección correcta.

Dos de los participantes se demoraron tanto en cruzar el laberinto que fueron descalificados.

Después de ese incidente, solo cuatro competidores continuaron, entre ellos, Beto y Milena. De repente, ocurrió algo inesperado...

Antes de la competencia, Adriana había hablado con un capibara para que le ayudara a solucionar el conflicto entre Beto y Milena. El capibara llamó a sus camaradas y, en menos de lo que canta un gallo, entre todos organizaron un plan que debían ejecutar en la mitad del laberinto. Como a estos animalitos les encanta vivir en grupos y son muy amigables entre sí, eran los más competentes para ayudar a Beto y Adriana.

Los capibaras entraron raudos al laberinto y, como les encanta el agua... hicieron de las suyas: cavaron un pequeño agujero, lo llenaron de agua y finalmente, lo cubrieron con algunas ramas secas para que nadie lo descubriera.

Beto iba pisándole los talones a Milena, quien corría con la mayor rapidez posible, pero Beto la seguía de cerca: "No soy tan rápida ni tan ágil como imaginé, Beto se acerca cada vez más", pensó Milena.

"Me sirvió correr junto a Milena todos estos años, me he vuelto veloz, así que si me esfuerzo un poco más , lograré adelantarla", pensó Beto.

De repente, Milena se resbaló, justo donde los capibaras habían hecho su pequeña construcción con hojas y agua; se cayó en el charco y se quedó empapada. Como Beto estaba muy cerca, la ayudó inmediatamente, la levantó, le dio su saco para que se cambiara y se cercioró de que estuviera bien. En efecto, lo estaba; no había sido más que un ligero resbalón en un charco.

Detective del lenguaje	**Busca un pronombre posesivo en esta página.**

—Muchas gracias —le dijo Milena a Beto mientras se limpiaba algunas hojas que se habían adherido a su ropa.

—Espero que estés bien —dijo Beto—. Ahora corramos, los otros competidores nos adelantaron hace tiempo.

Milena y Beto echaron a correr y consiguieron salir del laberinto a tiempo; ya en el camino, lograron sobrepasar a sus contrincantes. Milena estaba menos enojada con su amigo, el incidente del charco le había hecho ver que él estaba más interesado en ayudarla que en ganar la competencia. Por su parte, Beto se había dado cuenta de que no le gustaba ver a su amiga en problemas.

Adriana vio lo sucedido y estaba feliz, parecía ser el principio de la reconciliación entre sus amigos.

Los capibaras estaban complacidos por haber podido colaborar con Adriana, a estos animales les encanta vivir en comunidad y ayudar a los demás.

Capítulo 3
La información del mapa

Después de hablar con los capibaras, Adriana fue a darles un abrazo a sus dos amigos, pues habían logrado superar juntos la prueba.

—Lo hicieron muy bien —les dijo con entusiasmo—. Los felicito, no solo por salir del laberinto, sino también por haber llegado en primer lugar.

—¡Gracias! —contestó Milena—. Finalicé la prueba gracias a la ayuda de Beto. Afortunadamente, él es muy ágil y estaba cerca de mí, me ayudó cuando me caí en el laberinto.

Los tres niños sonrieron. Adriana tomó su lugar como observadora, mientras Milena y Beto se preparaban para la próxima prueba porque ambos querían ganar. Todos los competidores estaban listos en la línea de salida, cuando uno de los jueces les entregó un mapa.

—Este es para ti; este, para ti; aquí hay otro para ti; y el último es para ti —dijo con gracia el juez.

—Deben descifrar las pistas y ubicarse en el mapa. Recuerden que esta es la última prueba, quien llegue primero, será el ganador y... ¡habrá encontrado el tesoro! —añadió otro de los jueces.

Detective del lenguaje	¿Cómo identificas las intervenciones de los personajes en esta página?

Con un toque de trompeta, la jueza dio inicio a la búsqueda del tesoro.

El mapa era un poco complicado porque, aunque los lugares estaban señalados, no había una ruta marcada. La primera pista estaba en el reverso y decía:

"Con mis hojas bien unidas,
que no me las lleva el viento,
no doy sombra ni cobijo,
pero enseño y entretengo".

Milena y Beto se quedaron pensando por un momento y no tardaron en descifrar el acertijo. "La respuesta es muy sencilla: el libro", pensaron los dos al mismo tiempo y buscaron en el mapa una biblioteca, la encontraron y se dirigieron rápidamente a ese lugar.

Adriana los espiaba sin que sus amigos se dieran cuenta: iban uno detrás de otro, porque ambos habían sido los más rápidos en descifrar el acertijo. Mientras los otros dos competidores seguían buscando la respuesta, Milena y Beto habían ganado una gran ventaja.

Adriana había notado que, aunque a sus amigos ya les había pasado un poco el disgusto, no se comportaban como lo hacían siempre, como los grandes amigos que eran. Esa fue la razón por la que decidió hablar con otro animalito: el colibrí. Seguramente, este veloz y ágil pajarillo le ayudaría al igual que los capibaras.

La niña le contó su problema al colibrí.

—¡Ajá! —contestó el pajarillo revoloteando alrededor de la cabeza de la niña—. Ya sé cuál es la solución.

Dicho y hecho, se dirigió a gran velocidad, como solo suelen tenerla los colibríes, adonde estaba Beto. El niño estaba en la biblioteca, leyendo la segunda pista y tratando de ubicarse en el mapa; en el mismo lugar e igual situación estaba Milena.

El colibrí empezó a revolotear alrededor de Beto quien, por tratar de esquivarlo, soltó el mapa. El trozo de papel se alejó volando por la ventana, al compás de una corriente de aire y escoltado por el sonriente pajarillo.

—Toma, utiliza el mío —le dijo Milena a Beto, mientras le daba una palmadita en la espalda.

—Muchas gracias, Mile —le respondió Beto con gran amabilidad.

Los dos comenzaron a mirar juntos el mapa; parecía como si los inconvenientes hubieran sido superados. Adriana le agradeció al colibrí su ayuda.

Capítulo 4

¿A quién pertenece el tesoro?

Adriana observaba cómo sus amigos estaban cambiando de actitud, pues se habían dado cuenta de que trabajar en equipo ayuda a lograr un objetivo y que las rencillas se pueden perdonar con facilidad. Ella estaba feliz, porque su plan había dado resultado. Solo faltaba ver quién sería el ganador de la competencia, y si esto podía provocar otra discusión, aunque Adriana confiaba en que sus amigos hubiesen aprendido la lección.

Entre tanto, Milena y Beto encontraron la siguiente pista, y la leyeron juntos:

"Es animal vertebrado,
del hombre el mejor amigo;
a veces es cazador
y otras, un buen lazarillo".

Inmediatamente, los niños miraron el mapa, pero no encontraron nada que les diera una pista de adónde debían dirigirse.

Milena le preguntó a su amigo si recordaba el animal que acompañaba a los jueces en su mesa.

Inmediatamente, Beto recordó que al lado de los jueces había un perro, tendrían que buscar rápidamente en ese lugar, antes que otro se les adelantara.

Los niños buscaron dónde estaban los jueces en el mapa y se dirigieron allí.

Corrieron tan, pero tan rápido que fueron los primeros en presentarse a la mesa de los jueces. Además, llegaron saltando de felicidad, porque habían resuelto todas las pistas.

—Felicitaciones, niños —dijo uno de los jueces—. Pero, hay un problema, el premio es solo para un ganador y ustedes... son dos. ¿Qué haremos entonces?

—Sí, señor, somos dos: dos grandes amigos, dos grandes compañeros —respondió Milena con una sonrisa gigante.

—Por eso —la interrumpió Beto—, vamos a compartir el premio. Los dos somos los ganadores, entonces, el premio es para ambos, ¿cierto?

—Exactamente —dijo Milena—, no llegamos hasta aquí para discutir quién se quedará con el premio. Los amigos comparten las cosas y se ayudan en todo momento.

En ese instante llegó Adriana a felicitarlos. Beto y Milena le dieron un gran abrazo a su amiga, porque habían aprendido que, a pesar de las diferencias y las dificultades, los amigos siempre están presentes para ayudar.

Con ese abrazo querían agradecer su colaboración, puesto que ella intentó, desde el primer momento, solucionar el conflicto surgido entre ellos. Adriana solamente deseaba evitar que sus amigos tomaran el camino de la venganza.

—Aquí está el tesoro —dijo la jueza entregándoles una gran caja donde había muchos dulces y, también, lápices de colores con los que los niños pudieron dibujar y escribir esta gran aventura.

Respuesta a la lectura

Resumir

Usa los detalles más importantes de *La búsqueda del tesoro* para resumir el cuento. Puedes usar el organizador gráfico como ayuda.

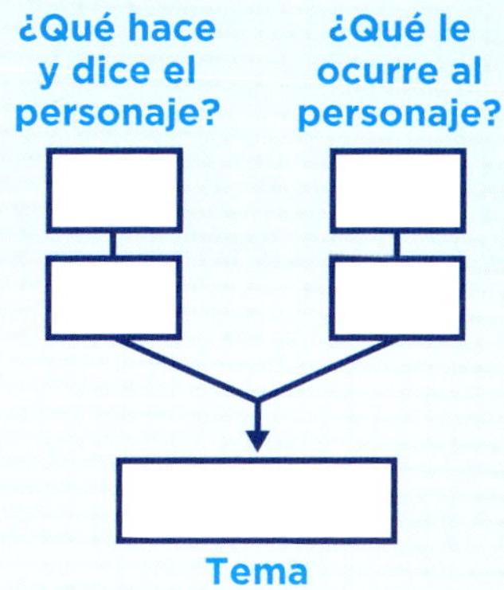

Evidencia en el texto

1. ¿Cómo sabes que *La búsqueda del tesoro* pertenece al género de fantasía? Identifica tres características que te lo indiquen. **GÉNERO**

2. ¿Qué conflicto tienen Milena y Beto? ¿Cómo lo soluciona Adriana? **TEMA**

3. En la página 8, ¿qué quiere decir la palabra *competentes*? Usa las claves de contexto para conocer su significado. **CONNOTACIÓN Y DENOTACIÓN**

4. Escribe acerca de la lección que aprendieron Milena, Beto y Adriana sobre la importancia de la amistad. **ESCRIBIR SOBRE LA LECTURA**

Género **Texto expositivo**

Compara los textos

Lee sobre el acoso escolar, una forma extrema de desacuerdo.

EL ACOSO ESCOLAR

¿Cuál es la definición de acoso escolar? Es cuando una persona, o un grupo, es repetidamente hostil con otra. Cuando la mayoría de la gente piensa en el acoso escolar, piensa en agresión física, como golpes o empujones.

Sin embargo, este no es el único tipo. El acoso escolar emocional puede ser tan dañino, o incluso más, que la agresión física. Este tipo de acoso comprende actos como: decir cosas ofensivas a las personas, llamarlas con apodos, difundir chismes sobre ellas, ignorarlas de forma intencional y excluirlas de las actividades.

Los expertos en acoso escolar tienen diferentes opiniones del porqué las personas agreden a otras. James Lehman ha escrito libros sobre cómo manejar el acoso escolar. Dice que una razón por la cual las personas se vuelven agresoras es que tienen problemas. Así que descargan su rabia y frustración en quienes las rodean. Añade que para un agresor resulta más fácil comportarse de forma hostil con otras personas que resolver sus propios asuntos.

Catherine Bradshaw, una sicóloga que ha estudiado el acoso escolar, sostiene que las personas agreden a otras porque eso las hace sentir poderosas. También dice que algunos agresores piensan que la agresión los va a volver populares entre sus compañeros.

¿Qué acciones pueden tomar las personas para detener el acoso escolar? La doctora Dawn Taylor, una experta en sicología infantil, dice que se pueden hacer varias cosas para detenerlo. Y agrega que una de las mejores acciones consiste en que las personas se defiendan y defiendan a otros. Según la doctora Taylor, con tan solo decir "¡Detente!" cuando ocurre acoso escolar, por lo general, es suficiente para detener al acosador.

También es importante manifestarse si presencias que alguien está sufriendo acoso escolar. A algunas personas les preocupa que también las agredan si se involucran. Sin embargo, involucrarse es exactamente lo que se debe hacer.

La doctora Taylor también sugiere contarle a un adulto de confianza una situación de acoso escolar, sin importar si es otra persona quien sufre la agresión. Los adultos necesitan saber qué está sucediendo para poder ayudar.

Haz conexiones

¿Qué acciones podemos tomar para detener el acoso escolar y ayudar a las personas a llevarse mejor? **PREGUNTA ESENCIAL**

Usa lo que aprendiste en *El acoso escolar* para explicar cómo la intervención de Adriana, en *La búsqueda del tesoro,* hizo la diferencia. **EL TEXTO Y OTROS TEXTOS.**

Enfoque:
Elementos literarios

Atmósfera Los escritores emplean palabras para crear una determinada atmósfera en un relato. Pueden usar palabras para mostrar situaciones alegres, tristes, de ansiedad o terroríficas. Esto ayuda a que los lectores visualicen y comprendan las acciones y los sentimientos de los personajes.

Lee y descubre Observa la manera como la autora describe la relación entre Milena y Beto en la página 3. Utiliza palabras como *discusión*, *disgustados* para mostrarnos que la atmósfera es tensa y de enfado.

Ahora observa la manera como la autora describe la relación de Milena y Beto en el capítulo 4. Palabras como *una sonrisa gigante*, *grandes amigos*, *compartir* sugieren una atmósfera amigable.

Tu turno

Escribe un relato basado en los personajes de *La búsqueda del tesoro.*

Elige una atmósfera para la aventura que vas a escribir: puede ser misteriosa, dramática o divertida. Recrea la atmósfera por medio de las palabras adecuadas. Ilustra tu cuento con una imagen. Por último, lee el relato a tus compañeros de clase. Pregúntales si pueden identificar la atmósfera de tu relato.